AF599964

AUGUSTE CORNU

# HEGEL, MARX y ENGELS

1ª Edición, enero de 2026.

Imagen de la cubierta:
Adaptación del diseño original de la edición francesa del libro de Auguste Cornu, *Karl Marx y Friedrich Engels. Su vida y su obra*.

Traducción que tomamos como base:
M. Pumarega, a quien no hemos logrado identificar.

ISBN: 979-13-990449-3-5
Depósito legal: M-4369-2026

EDICIONES MNEMOSYNE | A. C. BONCH-BRUYÉVICH

www.ediciones-mnemosyne.es
info@ediciones-mnemosyne.es

Auguste Cornu

# NOTA EDITORIAL

*Nuestra pequeña editorial proletaria se ha propuesto recuperar íntegramente la ambiciosa, y ya casi inencontrable, biografía intelectual que el profesor Auguste Cornu realizara de Marx y Engels:* KARL MARX Y FRIEDRICH ENGELS. SU VIDA Y SU OBRA. *Este trabajo, referencia ineludible durante décadas para generaciones de marxistas y estudiosos de la doctrina de los padres del comunismo científico, yace hoy en el olvido editorial, y resulta sólo accesible en caras e incompletas ediciones del pasado milenio.*

*Por lo pronto, nosotros hemos querido rescatar, casi a modo de introducción general a la obra mencionada, este desconocido artículo de Cornu:* HEGEL, MARX Y ENGELS. *En él, nuestro autor sintetiza el periplo del pensamiento moderno, centrándose en las mediaciones que han permitido al proletariado revolucionario –en las personas de Marx y Engels– heredar lo mejor del pensamiento burgués precedente y, asimismo, resolver sus contradicciones superando sus limitaciones de clase.*

* * *

*Respecto a los criterios de nuestra edición, republicamos la versión de 1951 –hasta donde sabemos, la única existente–, traducida por Manuel Pumarega desde el inglés, cambiando casi exclusivamente algunos aspectos formales como la puntuación.*

EDICIONES MNEMOSYNE

Auguste Cornu[1]

# HEGEL, MARX Y ENGELS

El objeto de este ensayo consiste en establecer el papel y las contribuciones esenciales de Hegel, Marx y Engels a la evolución del pensamiento moderno, considerándolo en sus conexiones con la evolución económica y social.

Al principio el movimiento del pensamiento moderno siguió el desarrollo de la clase ascendente, la burguesía, y en esta fase alcanzó su punto más alto en el racionalismo materialista y en Hegel. Después se adueñó de él la nueva clase ascendente, el proletariado, y, en el marxismo, llegó a una concepción del mundo adaptada a un nuevo modo de organización económica y social.

---

[1] Auguste Cornu, doctor en Derecho y doctor en Letras por la Universidad de París, es profesor de literatura alemana en el Liceo Buffon de la capital francesa. Es autor de *Karl Marx, l'homme et l'oeuvre* (1934), *Moses Hess et la gauche Hégélienne* (1934), y *Karl Marx et la révolution de 1848* (1948) y colaborador de las revistas *Pensée*, *Europe* y *A la lumière du Marxisme.* | *Nota de la edición inglesa.*

Tomó forma bajo la influencia de los grandes descubrimientos del siglo XV que extendieron infinitamente los confines del mundo y provocaron un rápido incremento de necesidades y el consiguiente desarrollo de un nuevo sistema económico basado en una mayor libertad de producción y circulación de la riqueza. Este sistema determinó inmediatamente un profundo cambio en el modo de vida de los hombres y una transformación progresiva de la concepción estática del mundo para llegar a una concepción dinámica dominada, como el sistema mismo, por las nociones de libertad, movimiento y progreso.

Este pensamiento, que en su inicio encontró expresión en los dos grandes movimientos de liberación espiritual –el Renacimiento y la Reforma–, adquirió su primera forma importante en el racionalismo, que añade la noción de progreso a la idea de libertad, y, después del Renacimiento y la Reforma, señaló una segunda etapa en la adaptación de la concepción general del mundo al nuevo modo de vida. El racionalismo, la filosofía de la burguesía ascendente, rechazó la noción de un orden preestablecido inmutable y eterno, y apoyó la acción revolucionaria de la burguesía sosteniendo la necesidad de transformar el mundo para darle un carácter y un contenido racionales. El racionalismo tendió a evolucionar del espiritualismo al materialismo, expresando así la creciente importancia de la realidad material concreta en la vida humana, como resultado del incesante desarrollo de la producción.

A pesar de su tendencia a unir más estrechamente la realidad espiritual con la realidad material, el racionalismo no logró resolver el problema esencial de la integración del hombre dentro de su medio natural y social, problema planteado por el mismo desarrollo de la producción, pues, siendo un reflejo de la sociedad burguesa, tropezó con la contradicción fundamental, inherente al sistema capitalista, entre un modo de producción crecientemente colectivo, que acerca cada vez más a los hombres en su actividad económica y social, y un modo de apropiación individual, basado en la propiedad privada y en la búsqueda del beneficio, que aísla a los hombres y los coloca, como individuos, contra la sociedad. El racionalismo se ve llevado a concebir al hombre como un individuo opuesto a su medio social, y, por tanto, no puede llegar a una concepción del mundo como un todo orgánico. Sigue siendo esencialmente dualista y permite que subsista la tradicional oposición entre espíritu y materia, entre hombre y naturaleza.

No obstante, el mismo desarrollo del nuevo sistema de producción, que integra al hombre cada vez más profundamente en el mundo externo, engendra la necesidad de rebasar este dualismo y llegar a una concepción orgánica del mundo. Sin embargo, todas las tentativas hechas en esta dirección por el pensamiento burgués fracasaron en virtud del hecho de que, al defender el principio de la propiedad privada y colocarse así en el plano de la contradicción que el sistema capitalista engendra, sólo podía abolir esta contradicción de una manera utópica, mediante una superación ilusoria del individualismo y la integración del hombre en un medio imaginario.

Después de Rousseau, que integró al hombre en una naturaleza idealizada y en una sociedad utópica, y de Kant, que dio a esta integración un carácter formal, reduciéndola a las formas *a priori* impuestas por la mente sobre el mundo externo, la filosofía idealista alemana, cuya figura más grande fue Hegel, se esforzó por pasar del dualismo racionalista a una concepción orgánica del mundo. Se veía inspirada por Goethe, quien, a la manera de Spinoza, consideraba el espíritu y la materia como dos manifestaciones de lo divino, diferentes en su forma, pero similares en esencia, y sostenía que el hombre debe sumergirse en la naturaleza para participar en la vida universal que anima al mundo (Fausto).

La filosofía idealista alemana añadió a esta idea de una unión orgánica del hombre y del mundo externo la noción de desarrollo y progreso, que aplicó a la totalidad de los seres y de las cosas. De este modo, llegó a una nueva concepción del mundo, que ya no era considerado como un conjunto de cosas gobernadas desde fuera y funcionando como un mecanismo, sino como la expresión de una sola vida que anima a todos los seres, como un inmenso organismo que se desarrolla bajo la acción de leyes y fuerzas internas.

Puesto que la vida no puede ser concebida de otra manera que en su unidad y desarrollo, esta filosofía se vio llevada forzosamente a reducir la realidad espiritual y la realidad material a una unidad orgánica y a mostrar cómo cambia y evoluciona esta totalidad orgánica. Al igual que el racionalismo, esta filosofía adoptó el punto de vista de la sociedad burguesa y defendió su organización económica y social. Fue incapaz de ir más allá del individualismo y de encontrar la integración efectiva del hombre en su medio natural y social, y sólo pudo acometer esta integración de una manera ilusoria, reduciendo al espíritu la totalidad de lo real.

Fichte, Schelling y Hegel –los filósofos idealistas alemanes– abolieron la *Ding-an-sich* [cosa-en-sí] de Kant, que atribuía a la realidad concreta una existencia independiente del sujeto pensante. Redujeron toda la realidad al espíritu que, en virtud de su inclusión de la realidad concreta, se convirtió a la vez en sujeto y objeto y constituyó, no sólo el instrumento de conocimiento, sino el elemento que crea y regula el mundo.

Lo real, reducido así a actividad espiritual, fue identificado con el conocimiento, en el que el sujeto que conoce y el objeto que es conocido se fusionan, y cuyo movimiento es explicado por la autodeterminación del espíritu, por la exteriorización de lo que éste contiene potencialmente, por la enajenación de su propia substancia que se torna extraña a él, recupera progresivamente al adquirir conciencia de que constituye su esencia.

En esta concepción de la evolución como penetración progresiva de la realidad concreta por el espíritu los filósofos se encontraban bajo la inspiración de la revolución francesa, que les parecía haber resuelto el doble problema de la trasformación racional del mundo y de la integración del hombre en su medio social yendo más allá de la realidad inmediata y de la organización económica y social tradicional, bajo la acción de la razón, y subordinando el individuo al Estado.

Pero mientras los revolucionarios franceses cambiaron efectivamente el mundo, estos filósofos, debido al atraso de la evolución económica y social de Alemania, dieron a la acción un carácter teórico y abstracto, trasponiéndola al plano del pensamiento. Convirtieron los problemas políticos, económicos y sociales en problemas filosóficos que redujeron al problema central de la época, el problema de la libertad, y propusieron realizar ésta por conducto del espíritu, convencidos de que, en virtud de la correlación entre el desarrollo de la realidad material y el de la realidad espiritual, era posible actuar sobre el mundo y transformarlo mediante el solo poder de las ideas.

Pese a su carácter idealista, los sistemas de estos filósofos se distinguen por una tendencia todavía más marcada hacia el realismo, tendencia que los condujo a atribuir al mundo, considerado al principio como una mera expresión del espíritu, una realidad todavía más objetiva y concreta.

Expresando las aspiraciones revolucionarias de su época, Fichte concentró la atención, no en el pasado, que ha sido eliminado, ni en un presente que no cambia, sino en el futuro. Por consiguiente, subordinó al espíritu el mundo externo que debía ser transformado. Abolió el mundo externo, reduciéndolo al no-yo y haciendo de él el instrumento del yo, que se eleva, por continua superación del no-yo que levanta contra sí mismo, a una moral superior y a una gran autonomía.

Schelling expresa las tendencias contrarrevolucionarias de la clase feudal. Da al presente la tarea de volver a su fuente, es decir, al pasado, bajo la inspiración de la Edad Media, época de alta y fuerte espiritualidad, cuando el espíritu penetraba vitalmente en todos los elementos de la vida y del mundo. De esta manera, evoluciona hacia un idealismo más objetivo, y, de acuerdo con Spinoza, asigna a la naturaleza una existencia distinta de la del espíritu, y muestra cómo, por una progresiva interpenetración de espíritu y naturaleza, el mundo llega en la obra de arte a un estado de completa indiferenciación, en el que la naturaleza es espíritu, y el espíritu, naturaleza.

Finalmente, en Hegel, puede verse todavía con mayor claridad la evolución hacia una concepción orgánica del mundo, combinando íntimamente la idea y la realidad concreta, el hombre y el mundo externo. Hegel es el intérprete de las tendencias de una burguesía semiconservadora: lo que se dedica a justificar no es el futuro ni el pasado, sino el presente. Como todos los conservadores doctrinarios, detiene la evolución del mundo en el momento presente, al que da valor absoluto como resultado definitivo y perfecto de la evolución racional.

Con este objeto, se esfuerza por dar al idealismo un carácter concreto. Traspasa al plano ideológico la acción cada vez más poderosa que el desarrollo de las fuerzas productivas le permite al hombre ejercer sobre su medio, y muestra cómo el espíritu se integra progresivamente en lo real, que, de este modo, asume un carácter cada vez más racional.

Debido a que no logró –como había de hacer Marx más tarde– comprender la realidad como el objeto de la actividad práctica concreta del hombre, descubriendo así la causa eficiente de la transformación del mundo, Hegel sigue siendo esencialmente idealista en su evolución hacia el realismo, y, al igual que Fichte y Schelling, considera lo real como el objeto de la actividad espiritual.

El problema fundamental que se le plantea entonces es mostrar cómo la realidad concreta se funde en efecto con su representación espiritual, y cómo el desarrollo del espíritu no sólo expresa, sino que determina la evolución del mundo. Por tanto, Hegel desdeña lo contingente, los elementos accidentales de lo real, concentrándose en los que expresan una fase del espíritu y llevan a cabo la obra de la razón.

Una vez que la realidad concreta ha sido depurada y sublimada así, hasta el punto de no ser otra cosa que la expresión de la realidad espiritual, puede ser incluida en el espíritu, después de lo cual a Hegel le es posible moldear, por así decir, el desarrollo del mundo en la forma del desarrollo del espíritu, que es convertido en el creador de lo real.[2]

A diferencia de Fichte, Hegel deseaba justificar la realidad presente y derivaba el desarrollo del mundo, no de una voluntad absoluta que ninguna realidad determinada puede satisfacer, sino de una razón que está por encima de la razón

---

[2] Cf. *Wissenschaft der Logik* [*Ciencia de la lógica*], vol. V. pág. 26.

subjetiva, a saber, la razón objetiva, que combina dentro de sí el espíritu y el ser.

Esta razón objetiva se encarna en la Idea Absoluta, que crea el mundo por la exteriorización o enajenación de su substancia, la cual procede luego a resumir dentro de sí misma en etapas. La identidad de lo real y de lo racional que existía originariamente en la Idea Absoluta se rompe en virtud de la exteriorización de su substancia en una realidad que parece ajena a ella; pero la identidad es restablecida progresivamente por la actividad del espíritu, que elimina los elementos irracionales de lo real y la lleva así a superarse constantemente, para adoptar una forma y un contenido cada vez más adecuados a la razón. Esta unión progresiva de lo racional y lo real, de espíritu y ser, se realiza bajo la forma de ideas concretas, que no son una mera representación de seres y cosas que el hombre hace para sí mismo, sino que constituye la realidad misma en su esencia.

Como la idea se halla indisolublemente ligada a la realidad concreta, con la cual va cargada, por así decir, el movimiento de la idea no se produce en el plano de la lógica pura, sino que va ligado a la evolución general del mundo, al proceso de la historia.

Esta asociación de la lógica con la historia en el desarrollo del espíritu da origen al carácter particular de la doctrina de Hegel, que tiende, mediante la integración de la idea en lo real, a eliminar la concepción trascendental, que atribuye al espíritu una existencia especial extraña al mundo sensible y distinta de él. Esta asociación explica también la oposición de Hegel tanto al dogmatismo (el cual, al separar al pensamiento del ser le hace impotente y estéril) como al utopismo (que pretende someter la realidad a un ideal arbitrario), así como al empirismo (que deja de elevarse por encima de la realidad inmediata, y se pierde en la masa infinita de hechos, entidades y objetos, en lugar de concentrarse en la parte esencial, en la realidad espiritual).[3]

La verdadera realidad está eslabonada con el desarrollo del espíritu y no debe confundirse con la realidad inmediata. Como el espíritu, tiene un carácter racional y su movimiento está en consonancia con el principio de una lógica adaptada a una concepción dinámica del mundo: la dialéctica.

En contraposición con la lógica antigua –que corresponde a una concepción estática del mundo y, por consiguiente, considera las entidades y las cosas en su aspecto eterno e inmutable, fijándolas en su identidad mediante la exclusión de contrarios–, la dialéctica está ligada al desarrollo mismo de las entidades y las cosas y no obedece el principio de identidad, que no nos permite explicar las conexiones que unen a los diversos elementos de lo real ni las razones de sus transformaciones.

La dialéctica se funda en el principio opuesto: el principio de la contradicción. No se mueve sobre un plano espacial de inclusión o exclusión, como la antigua lógica, sino sobre un plano temporal que permite a los elementos contradictorios de lo real, en lugar de excluirse simplemente entre sí, ser contenidos mutuamente, y, por medio de sus transformaciones, determinar la evolución del mundo.

La antigua lógica consideraba la contradicción como un defecto de las cosas. En la dialéctica, por el contrario, la contradicción se presenta como el elemento positivo y fértil, sin el cual no hay desarrollo ni vida[4], pues en el mundo, cuando se lo considera en su mutabilidad, los contrarios se unen para

---

[3] Cf. *Philosophie des Rechts* [*Filosofía del Derecho*], págs. 16, 19; *Enzyklopädie* [*Enciclopedia de las ciencias filosóficas*], pág. 11.

[4] *Wissenschaft der Logik* [*Ciencia de la Lógica*], vol. IV, pág. 68.

formar una nueva y más alta realidad, la síntesis. Esta última no es el resultado de un arreglo o compromiso entre los contrarios, lo cual sólo podría conducir a un estancamiento de lo real, sino que es el resultado de una crisis acarreada por la acentuación de las contradicciones, en el curso de la cual los contrarios son abolidos como tales y reabsorbidos en una unidad superior.[5]

Éste es el proceso dialéctico en el que los contrarios cambian y se unen en síntesis dentro de las cuales surgen nuevas contradicciones, que, a su vez, son reabsorbidas en nuevas síntesis. En este proceso es en el que encuentra expresión el movimiento del espíritu, el cual, en su movimiento por superar las contradicciones, que surgen continuamente, progresa de concepto a concepto, cada uno de los cuales representa un nuevo nivel de realidad espiritual y de realidad material incluidas dentro del mismo.

Tal es la concepción general del mundo de la que parte Hegel para reconstruir y explicar la totalidad de lo real, reducido a conceptos, y para mostrar cómo en su desarrollo sigue un curso racional y expresa el movimiento del espíritu.

Después de haber descrito en la *Fenomenología del Espíritu* y en la *Lógica* la evolución un tanto teórica del espíritu hasta llegar al punto en que se convierte en razón perfecta y en Idea Absoluta, Hegel muestra cómo esta última se realiza de manera rudimentaria en la naturaleza, que aparece como su antítesis, y después, de una manera cada vez más perfecta, en la historia, donde gradualmente se desprende de la realidad objetiva considerándola como la expresión de su propia substancia. La Idea Absoluta alcanza su plena realización en el arte, la religión y la filosofía, llegando a su última etapa en la

---

5 *Phänomenologie* [*Fenomenología del Espíritu*], págs. 36-37.

filosofía hegeliana, que abarca el mundo como una totalidad racional en la que se realiza la identidad del sujeto y del objeto, del pensamiento y del ser.

Esta concepción del desarrollo dialéctico del mundo permitió a Hegel resolver el problema, insoluble hasta entonces, de la unión orgánica de espíritu y materia, del hombre y del mundo externo, considerados en su desarrollo. Pero la solución que dio a este problema asumió un carácter ilusorio debido al hecho de que, al reducir la realidad concreta a realidad espiritual, arrebató al mundo su propia naturaleza e integró al hombre en un medio imaginario.

Esta incapacidad, que Hegel compartió con todo el pensamiento burgués, para resolver el problema de la integración del hombre en el mundo de otra manera que en el plano ideológico, explica el aspecto contradictorio de su filosofía, la cual, al igual que toda su época de transición de una organización todavía semifeudal al sistema capitalista, presenta un carácter de transición y compromiso.

Desde el punto de vista filosófico, esta doctrina constituyó un compromiso entre el liberalismo trascendental, que sitúa el principio y el fin de las entidades y las cosas fuera de ellas mismas, y el realismo, inspirado por la idea de la inmanencia, que explica el desarrollo de las ideas y las cosas por su naturaleza intrínseca. A pesar del idealismo de la doctrina, que reducía la evolución del mundo al movimiento de los conceptos, aquélla señaló el tránsito al realismo mediante la integración de la idea en lo real. Sólo se necesitaba invertir el sistema (como había de hacer Marx) y subordinar el desarrollo del espíritu al desarrollo de la realidad económica y social para llegar a una concepción materialista del mundo.

Desde otro punto de vista, esta doctrina constituía un compromiso entre las concepciones estática y dinámica del mundo. Estaba completamente imbuida de un dinamismo que expresa el cambio continuo, la incesante evolución del mundo, considerado en su devenir. Pero esta cualidad dinámica no era aún completamente inherente a la realidad concreta, cuyo desarrollo todavía parecía ser determinado por un primer principio, la Idea Absoluta, existente por sí misma desde toda la eternidad. La Idea Absoluta es el elemento estable en el proceso eterno, del que es causa y fin. Conteniendo en potencia toda la realidad que crea, es al término de su desarrollo lo que era en su origen. La evolución resultaba así ilusoria y asumía la forma de una involución, lo que probaba una vez más la afinidad de este sistema con la antigua concepción estática del mundo.

Finalmente, en el terreno político, este compromiso entre las concepciones estática y dinámica del mundo quedó evidenciado en la tentativa de conciliar un sistema conservador, que consideraba el Estado prusiano y la religión cristiana como las formas perfectas y definitivas de la Idea Absoluta, con el movimiento dialéctico de la historia, que implica un cambio continuo, un incesante devenir al que no podemos asignar una forma determinada como límite y fin.

La revolución de 1830, que destruyó el sistema de la Santa Alianza y que en Alemania se caracterizó inmediatamente por un rápido auge económico y por el desarrollo del liberalismo, había de sacar a la superficie las contradicciones inherentes a la doctrina hegeliana, acarreando el derrumbamiento de todo el sistema.

Dentro de la misma escuela hegeliana se produjo una división entre una derecha conservadora y una izquierda revolucionaria, en la que hicieron su aprendizaje político Marx y Engels. La izquierda hegeliana, dando expresión primordialmente a las aspiraciones de la burguesía, llevó a cabo una disociación y transformación de la doctrina hegeliana con el objeto de adaptarla al liberalismo.

Rechazó los elementos conservadores de esta filosofía y sólo conservó su dialéctica revolucionaria, elaborando con ella –en la persona de Bruno Bauer, amigo de Marx– una doctrina de acción. Bauer opuso la conciencia a la substancia, haciendo de esta última, a la manera del no-yo de Fichte, el instrumento que la conciencia emplea para elevarse a una autonomía cada vez más grande. Planteó en principio la necesidad de la conciencia de liberarse continuamente de la substancia, en la que se realiza y que, por su forma determinada, constituye un obstáculo para su desarrollo. Esta liberación se efectúa mediante una crítica incesante de lo real, que elimina sus elementos irracionales.[6]

El carácter ideológico de esta doctrina –que reducía la acción revolucionaria a una crítica de lo real–, tenía su origen en el hecho de que la izquierda hegeliana no encontró ningún apoyo en la burguesía alemana, la cual, como toda la burguesía europea, empeñada a la sazón en una guerra sobre dos frentes –contra la reacción feudal y el proletariado revolucionario–, adoptó la política del «término medio», de la *aurea mediocritas.* Desprovista de este apoyo, la izquierda hegeliana no tardó en fracasar en su actividad liberal, y su acción se convirtió rápidamente en una crítica estéril de la realidad, en un simple pasatiempo del espíritu. La mayoría de sus miembros evolucionaron con Bruno Bauer hacia el individualismo y el egocentrismo, reduciendo el desarrollo de la conciencia universal al del *ego.* Uno de ellos, Max Stirner, sacó todas las consecuencias de esta tendencia al individualismo. Rechazó

---

[6] Cf. *Die Posaune des Jüngsten Gerichts über Hegel den Atheisten und Antichristen* [*La Trompeta del Juicio Final sobre Hegel, el ateo y Anticristo*], Leipzig, 1841.

cualquier limitación de la autonomía del individuo y reconoció una sola realidad –el yo–, un solo principio: el culto del yo. Hizo del egoísmo absoluto la única fuerza motriz de la actividad humana y concluyó en el nihilismo y en el anarquismo.[7]

Al principio, Marx y Engels trataron, con los jóvenes hegelianos, de adaptar la doctrina hegeliana al liberalismo y comprendieron que, para determinar el curso racional del mundo, bastaría eliminar los elementos irracionales de lo real. Pero, distanciándose de los otros jóvenes hegelianos, Marx, fiel en este punto al pensamiento básico de Hegel, se negó a disociar el pensamiento de lo real y rechazó la concepción de una facultad arbitraria y absoluta del espíritu para transformar el mundo. Desde la época de su tesis [doctoral] sobre la *Diferencia entre la Filosofía de la Naturaleza de Demócrito y la de Epicuro* (1841), mostró que la filosofía, al contraponerse al mundo por medio de su crítica, se convierte en una actividad práctica que implica su integración en el mundo, y, por lo tanto, su supresión como principio abstracto opuesto al mundo.[8]

Como director de la *Rheinische Zeitung* [Gaceta Renana] en 1842 Marx se consagró a reformar el Estado (al que, con Hegel, consideraba como el elemento regulatorio de la sociedad) por medio de una crítica de las instituciones políticas y jurídicas. El rápido y total fracaso de esta tentativa, puesto de manifiesto en la supresión de la *Rheinische Zeitung,* le condujo a revisar su concepción del Estado y a estudiar las relaciones de éste con la sociedad.

---

[7] Max Stirner: *Der Einzige und sein Eigentum* [*El único y su propiedad*] (1844).

[8] Cf. MEGA, vol. I, pág. 64.

En unión de algunos miembros de la izquierda hegeliana (Ludwig Feuerbach, Moses Hess, Friedrich Engels) se apartó del liberalismo: ya no expresó las aspiraciones de la burguesía, sino las del proletariado, y evolucionó hacia el comunismo. En esta evolución, Marx lo mismo que Hess y Engels, fue guiado por Feuerbach, que extrajo de una crítica de la religión cristiana y del idealismo hegeliano una doctrina social de carácter colectivista.

La crítica que Feuerbach hizo de la religión mostraba que Dios es el producto del hombre, quien proyecta y enajena en él sus propias cualidades esenciales, y que, como resultado de esta inversión de sujeto y atributo, el sujeto real, el hombre, se convierte en el atributo de Dios, creado por él. Aplicando esta crítica al idealismo hegeliano, Feuerbach subrayó que Hegel, mediante una inversión análoga de sujeto y atributo, hizo de la idea el sujeto creador y del hombre y el mundo, su producto.

Para llegar a una exacta noción de las relaciones entre Dios y el mundo, entre la idea y el ser –decía Feuerbach– debemos partir no de Dios o de la idea, sino de la realidad viva y concreta; debemos integrar el espíritu en la materia y no la materia en el espíritu, y considerar al hombre, con su sensibilidad y necesidades, como la expresión orgánica de esa síntesis.[9] Su crítica de la religión culminó en una doctrina social, en la que mostró que la religión despoja al hombre de su verdadera naturaleza, de su esencia, para transferirlas a Dios, y que para devolver al hombre su esencia, es menester reintegrarle sus cualidades, enajenadas en Dios. El ser colectivo, la especie, lo que constituye la esencia humana y lo que, exteriorizado en Dios no es sino una ilusión trascendental, se

---

[9] Cf. Feuerbach: *Vorläufige Thesen zur Reform der Philosophie* [*Tesis provisionales para la reforma de la filosofía*] (1843).

convierte entonces en una realidad para el hombre, que abandona el egoísmo y el individualismo y hace del amor por la humanidad la ley de su vida.[10]

Con su inversión del cristianismo y el idealismo, Feuerbach devolvió su realidad intrínseca al mundo externo y al hombre; pero con su retorno al materialismo mecanicista, que subordina al hombre a la influencia de su medio sin considerar la acción que él ejerce sobre éste, el resultado final de Feuerbach fue una teoría contemplativa y sentimental, que situaba la vida humana fuera del medio social y del proceso histórico, un vago colectivismo, pálido reflejo de las doctrinas socialistas francesas nacidas de un desarrollo económico y social más avanzado.

Gracias a su solución, aunque imperfecta, del problema de la integración del hombre en su medio natural y social, esta doctrina constituyó una transición entre el hegelianismo y el socialismo. Abrió el camino que habían de seguir Moses Hess, Marx y Engels para llegar a una nueva solución del problema, ligando la integración del hombre en el mundo no a su emancipación religiosa sino a su emancipación social.

Moses Hess dio un carácter social más marcado al colectivismo sumamente vago de Feuerbach y mostró que la enajenación en Dios de la esencia humana era el reflejo ideológico de la enajenación que tiene lugar en el sistema capitalista, donde el proletariado exterioriza su fuerza de trabajo en las mercancías que produce, las cuales le esclavizan oponiéndose a él bajo la forma de dinero, de capital.

Para liberar al hombre de esta servidumbre y permitirle recobrar su esencia así enajenada –decía Moses Hess– debemos sustituir el régimen capitalista por un sistema comunista;

---

10 Cf. Feuerbach: *Grundsätze der Philosophie der Zukunft* [*Principios de la filosofía del futuro*] (1843).

pero, incapaz de encontrar en la sociedad misma las fuentes de su transformación, Moses Hess, del mismo modo que los utopistas, trasladó los problemas económicos y sociales planteados por esta transformación a un plano moral, y ofreció como solución la lucha contra el egoísmo y el amor a la humanidad.[11]

Pese a todos sus defectos e impropiedades, esta doctrina constituyó una transición entre la filosofía de Feuerbach y el socialismo francés. Había de servir de guía a Marx y Engels, quienes, partiendo de una crítica análoga de la enajenación, proporcionaron una nueva solución al problema de la acción y al problema social. Habiéndose visto llevado a revisar su concepción hegeliana del Estado y a estudiar las interrelaciones del Estado y la sociedad, Marx comenzó esta revisión por una crítica de la *Filosofía del Derecho* de Hegel, de la que había extraído la medula de sus ideas políticas y sociales. Ahora, bajo la influencia de Feuerbach, Marx demuestra cómo Hegel invierte las relaciones reales entre sociedad y Estado, haciendo de éste el creador y regulador de la sociedad, siendo así que en realidad no es sino el instrumento de ésta. El Estado real, que es una expresión de la sociedad en el que triunfa el interés privado, es contrastado con el Estado ideal, una esfera de intereses generales, creado, como Dios, por la exteriorización en él de las cualidades sociales más altas, y en el que el hombre vive, sólo de una manera ilusoria, una vida colectiva. Con el objeto de poner término a esta dualidad entre los Estados real e ideal y dar una existencia efectiva a la

---

[11] Cf. T. Zlocisti [Editor]: *Mosses Hess. Sozialistische Aufsätze* [*Ensayos socialistas*] (Berlín, 1921); págs. 37-60 (*Philosophie der Tat* [*Filosofía de la acción*]), págs. 60-78 (*Sozialismus und Kommunismus* [*Socialismo y comunismo*]), págs. 158-187 (*Ueber das Geldwesen* [*Sobre el sistema monetario*]).

vida colectiva, es menester dar a la sociedad un carácter colectivo.[12]

Esta crítica de la *Filosofía del Derecho* de Hegel marca el momento en que Marx rechazó el liberalismo situando el problema de la enajenación en el plano político y social, aunque sólo encontró una solución vaga bajo la forma de lo que llamó verdadera democracia. Pero después de haber considerado el contenido del Estado ideal como la verdadera democracia, donde ya no existe oposición entre los intereses individuales y el interés público, se vio llevado, por su crítica de la sociedad burguesa concebida como la negación de la vida colectiva, a ver en el comunismo la solución del problema social.

Marx volvió a la idea fundamental de su crítica de la *Filosofía del Derecho* de Hegel en los artículos que publicó en la *Deutsch-Französische Jahrbücher* [*Anales francoalemanes*] (1844), donde mostró que, si hemos de acabar con el dualismo entre sociedad y Estado, que hace que el hombre lleve la vida de un individuo egoísta en la sociedad mientras lleva una vida colectiva imaginaria en el Estado, debemos integrar al Estado en la sociedad, dando a esta última un carácter colectivo.[13] Ésta será la obra de una revolución social llevada a cabo por el proletariado, el cual, al redimirse a sí mismo, emancipará a toda la sociedad estableciendo el comunismo.[14]

Marx orientaba ahora su pensamiento deliberadamente hacia el comunismo, actuando como portavoz del proletariado revolucionario. Planteó la cuestión de la enajenación, no ya en el plano de la humanidad indiferenciada, sino en el

[12] MEGA, vol. I, pp. 403-553 (*Kritik des Hegelschen Staatsrecht* [*Crítica de la Filosofía del Estado de Hegel*]).

[13] *Ibid.*, pp. 576-606 (*Zur Judenfrage* [*La cuestión judía*]).

[14] *Ibid.*, pp. 606-621 (*Zur Kritik der Hegelschen Rechtsphilosophie* [*Introducción a la crítica de la Filosofía del Derecho de Hegel*]).

plano de la lucha de clases. Así, transformó la oposición entre egoísmo y altruismo, a la que Feuerbach y Hess habían reducido las contradicciones económicas y sociales, en un conflicto entre burguesía y proletariado y moldeó el desarrollo social bajo la forma de la dialéctica, haciendo del proletariado el elemento antitético encargado de realizar el progreso.

Siguiendo una evolución paralela a la de Marx, Engels pasaba entonces, bajo la influencia de Feuerbach y Hess, del liberalismo al comunismo. Con Feuerbach y Hess, consideraba la enajenación como el fenómeno básico de la sociedad presente; pero en vez de seguirlos hasta un plano utópico para conseguir la abolición de esta enajenación, trató de encontrar las causas de su eliminación, al igual que Marx, en la realidad económica y social.

Tanto en Engels como en Marx, esta superación de la ideología y del utopismo fue favorecida por el hecho de que ambos salieron de Alemania –Engels para ir a Inglaterra y Marx para ir a París–, y, por consiguiente, participaron en la vida de dos países mucho más desarrollados económicamente que Alemania. Marx y Engels expresaban así las aspiraciones de un proletariado más potente, que poseía ya una clara conciencia de clase.

Marx pasó después a justificar el comunismo desde un punto de vista esencialmente filosófico y político. Al mismo tiempo, Engels utilizó su estudio de las contradicciones del capitalismo –especialmente notorias en Inglaterra, el país capitalista más desarrollado de la época– para justificar el comunismo desde un punto de vista económico y social.

En su artículo *Umrisse zu einer Kritik der Nationalökonomie* [*Esbozo de una crítica de la economía política*], publicado en la *Deutsch-Französische Jahrbücher*, Engels demostró que el sistema capitalista no poseía el valor absoluto que le atribuían los economistas del liberalismo, y que las categorías económicas que correspondían al sistema –precio, competencia, beneficio– sólo tenían una aplicación histórica y relativa. Su crítica del sistema capitalista subrayaba que el resultado de éste era privar a la mayoría de los productores del fruto de su trabajo, reduciéndolos así a la servidumbre y a la pobreza. Las crisis causadas por el desequilibrio inherente al capitalismo entre la producción y el consumo acarreaban la eliminación de los productores más débiles, la ruina progresiva de la clase media, que era proletarizada, y una concentración siempre creciente de la riqueza, que, finalmente, sólo dejaba proletarios y grandes capitalistas. Este creciente antagonismo causaría una revolución social que aboliría la propiedad privada y la competencia e inauguraría un régimen comunista, el cual daría un carácter humano al sistema económico y social.

Engels llegó así al comunismo por un camino distinto del que siguiera Marx, es decir, por una crítica de las contradicciones capitalistas, que le permitió ir más allá que el socialismo utópico y mostrar cómo el futuro brota del presente, adaptando la dialéctica hegeliana al desarrollo del pensamiento histórico, desde el punto de vista económico y social. Engels hizo más precisa y completa la noción todavía teórica y abstracta que tenía Marx de la evolución histórica y del comunismo.

Durante su estancia en París en 1844 fue cuando Marx sufrió la influencia de las doctrinas socialistas francesas y de la crítica que Engels había hecho de la economía política, y con su ayuda llegó a una concepción más clara de la evolución histórica y del comunismo, considerándolos, no ya desde un punto de vista puramente filosófico y político, sino también y sobre todo desde un punto de vista económico y social.

El mérito de los sistemas socialistas franceses consistió en dar la primera solución positiva al problema de la integración del hombre en el mundo, problema que los pensadores burgueses habían sido incapaces de resolver. Dichos sistemas lograron ese resultado demostrando cómo era posible realizar la efectiva y armoniosa integración del hombre en su medio natural y social, rebasando la contradicción capitalista y confiriendo al modo de apropiación el mismo carácter colectivo del modo de producción.

Pero estos sistemas habían sido formulados en una época en que las contradicciones del capitalismo no se habían hecho todavía tan evidentes y en la que el proletariado se encontraba aún en sus comienzos. De ahí que traspusieran los problemas económicos y sociales a un plano ideológico, debido a lo cual seguían siendo utópicos. Después de haber criticado la organización económica y social del capitalismo, los socialistas doctrinarios fueron incapaces de seguir adelante y discernir en la propia sociedad los factores de su transformación. No concebían la lucha de clases como un medio de emancipación y colocaron sus proyectadas reformas en un plano racional y moral, contrastando la sociedad presente con una sociedad ideal. Creían que bastaría convencer a los hombres de la excelencia de la nueva sociedad para que se realizara.

Esta apelación a la razón les condujo, después de denunciar los antagonismos sociales en las partes críticas de sus obras, a adoptar, en sus planes de transformación, la posición de una humanidad indiferenciada, y a sustituir la noción de la lucha de clases por la de un vago antagonismo entre lo bueno y lo malo, entre lo justo y lo injusto, todo lo cual dio a la solución ofrecida para los conflictos sociales un carácter que ya no era revolucionario, sino espiritual y moral.

No obstante, a medida que el proletariado se desarrollaba y que las contradicciones del capitalismo se hacían más evidentes, estos doctrinarios asumieron una defensa más definida de los intereses específicos del proletariado, y sus ideas se aproximaron cada vez más al socialismo y al comunismo, atribuyendo primordial importancia al papel revolucionario de la lucha de clases y al marxismo, cuyos heraldos fueron.

Aplicando la dialéctica hegeliana a la explicación del proceso social, Marx había demostrado ya en sus artículos de la *Deutsch-Französische Jahrbücher* cómo la sociedad capitalista, debido a la acentuación de la oposición entre burguesía y proletariado, tenía que dar origen a una sociedad comunista. Este comunismo era todavía ideológico, pero adquirió un contenido más concreto con las doctrinas socialistas francesas y su análisis de las contradicciones económicas y sociales del capitalismo. Finalmente, la crítica que hizo Engels de la economía política permitió a Marx rebasar definitivamente el utopismo al demostrarle cómo la sociedad comunista era engendrada por la agravación de estas contradicciones. Marx dio al comunismo un carácter científico basándolo en el mismo desarrollo de la sociedad.

Esta transición del comunismo ideológico al comunismo científico es el rasgo distintivo de las tres obras que precedieron a *La ideología alemana*, en las que aparecen fijadas definitivamente por primera vez las principales líneas de su pensamiento: *Manuscritos económico-filosóficos* (1844), *La Sagrada Familia* (1845) y *Tesis sobre Feuerbach* (1845).

Marx redujo aún la cuestión social al problema de la enajenación que, a su juicio, seguía siendo el problema esencial. Por medio de él resolvió el problema de la acción, lo que le permitió llegar a una nueva concepción del desarrollo histórico y del comunismo.

Marx resolvió estos dos problemas mediante una crítica en paralelo del idealismo hegeliano y del materialismo mecanicista de Feuerbach, crítica inspirada por las aspiraciones del proletariado revolucionario. A diferencia del socialismo utópico, Marx situó el problema de la supresión de la enajenación y de la integración efectiva del hombre en su medio natural y social, no en el plano teórico, sino en el plano práctico, y fue llevado así a una nueva concepción de la acción que le permitió superar, al mismo tiempo, el socialismo utópico, el idealismo especulativo y el materialismo mecanicista, acusando a los dos últimos de considerar al hombre fuera de la actividad concreta, considerada ésta como actividad práctica, es decir, como trabajo. Esta ignorancia del papel fundamental de la actividad práctica en la vida humana había hecho que tanto el idealismo especulativo como el materialismo mecanicista fueran incapaces de explicar la evolución del mundo.

El idealismo hegeliano recalca la importancia capital de la actividad humana, señalando que el mundo es producto de ella; pero como reduce esta actividad a actividad espiritual y suprime así la realidad concreta como tal, da una cualidad ilusoria tanto a la vida humana como a la integración del hombre en el mundo.[15]

En contraste con el idealismo, el materialismo mecanicista asigna al objeto una realidad fuera del pensamiento; pero al considerar el mundo exterior como un objeto de percepción y no de acción, mantiene hacia él una actitud pasiva, y, por lo tanto, termina en una concepción contemplativa y determinista del mundo, lo que no le permite explicar ni la

---

[15] Cf. *Ibid.*, vol. III, págs. 154-156.

integración efectiva del hombre en su medio ni su acción sobre el medio para transformarlo.[16]

Marx fue más allá que el idealismo especulativo y que el materialismo mecanicista. Conservó la realidad intrínseca del mundo externo y la consideró en su transformación por medio de la actividad práctica, por el trabajo, que desempeña el papel de mediador entre el hombre y el mundo externo, entre espíritu y materia, que Hegel atribuía a la Idea.

Por medio de la actividad práctica concreta es como el hombre efectúa su integración progresiva en el mundo, el cual adapta a sus necesidades. Esta integración tiene lugar por la exteriorización de la fuerza de trabajo del hombre en el objeto que crea y por la apropiación de este objeto, que le permite recuperar en él su substancia enajenada.[17]

En la sociedad presente, esta exteriorización se convierte en una enajenación por parte de la clase más numerosa, el proletariado, que es privada de los objetos que crea y se debilita en el mismo grado en que produce. Para acabar con esta enajenación, debe instaurarse un régimen comunista que permitirá a todos los hombres recuperar plenamente su substancia exteriorizada en el producto de su trabajo.[18]

Por medio de esta crítica paralela del idealismo y del materialismo mecanicista, Marx llegó a una nueva concepción de la acción. No la redujo a una acción espiritual ni la sometió a un determinismo fatalista, ni tampoco, como hicieron los utopistas, la situó en el plano de la oposición entre el pensamiento y lo real, lo ideal y la realidad, sino que integró la acción en la realidad.

---

[16] Cf. *Ibid.*, vol. V, págs. 533 y siguientes (tesis 1 y 3).

[17] Cf. *Ibid.*, vol. III, págs. 157-163.

[18] Cf. *Ibid.*, vol. III, págs. 82-94, 115-117.

En esta nueva concepción de la acción, concebida como actividad práctica concreta, como trabajo, única concepción capaz de explicar la efectiva integración del hombre en el mundo, basó Marx su concepción del materialismo histórico y dialéctico, la noción que a partir de entonces dominó y dirigió su pensamiento y el de Engels.

Rebasando el problema de la enajenación, al que hasta entonces había reducido la esencia de la cuestión social, lo subordinó al conjunto de la actividad humana, de la que era solamente un aspecto. En la obra fundamental que escribió con Engels, *La ideología alemana* (1846), emprendió la tarea de explicar las bases de esta actividad y, por ende, la transformación de la sociedad y el fluir de la historia.

Buscando las causas y los fines esenciales de la actividad humana, Marx y Engels las encontraron en la creación de las condiciones de vida material, en la satisfacción de las necesidades primordiales de la humanidad (alimentación, vestido, vivienda) y, por lo tanto, en la organización de la producción. Esto es lo que hace a su concepción básica materialista.

Este materialismo es histórico: explica el movimiento de la historia esencialmente por la transformación de las condiciones de vida material, por el desarrollo de las fuerzas de producción, y no por una alteración de las concepciones filosóficas, políticas o religiosas, que no son sino las formas ideológicas que en la conciencia de los hombres asumen los verdaderos móviles de sus actos.

Y este materialismo histórico es dialéctico: muestra que el movimiento de la historia se halla ligado al desarrollo de las relaciones entre las fuerzas de producción y las fuerzas sociales. A determinadas fuerzas productivas corresponden relaciones sociales adaptadas al funcionamiento de dichas fuerzas, y todo cambio importante en las últimas acarrea necesariamente una transformación de la sociedad. En su desarrollo continuo, las fuerzas productivas entran en conflicto con la organización de la sociedad, que evoluciona más lentamente, y tarde o temprano deviene en un obstáculo para el funcionamiento de esas fuerzas, por lo que debe ser reemplazada por una organización social nueva y mejor adaptada.

En el plano político y social, esta oposición entre las fuerzas productivas y las relaciones sociales se expresa en las luchas de clases, que constituyen la fuerza motriz de historia.[19]

La concepción materialista y dialéctica de la historia no sólo explica la evolución económica, política y social, sino que nos permite también explicar la evolución espiritual. Marx refuta la objeción básica del idealismo, que afirma que es imposible probar que objetos distintos a nosotros correspondan a la representación que tenemos de las cosas y niega también toda correlación entre la evolución material y la espiritual. La respuesta de Marx consiste en que el hombre conoce el mundo, no como objeto de pensamiento puro, sino como objeto de su experiencia, y que la prueba de la realidad objetiva y de la veracidad del conocimiento es proporcionada por la actividad práctica.[20]

La concepción idealista, que solamente atribuye valor absoluto y realidad a las ideas, procede de la división del trabajo, que separa la actividad espiritual de la [actividad] material, creando una clase de pensadores que tienden a considerar las ideas por sí mismas, independientemente de los hombres que las conciben y de las circunstancias que las engendran, y que son las únicas que nos permiten comprenderlas y explicarlas.[21]

---

[19] Cf. *Ibid.*, vol. V, págs. 59-65.

[20] *Ibid.*, vol. V, pág. 534 (tesis 2).

[21] *Ibid.*, vol. V, págs. 15, 21.

Marx y Engels negaron así a las ideas valor y realidad absolutos y demostraron que las ideas se desarrollan paralelamente al modo real de vida de los hombres, que las concepciones jurídicas, políticas, filosóficas y religiosas se modifican a medida que cambian las organizaciones económicas y sociales, y que la evolución espiritual se halla determinada en sus perfiles principales por la evolución material.[22]

Si bien establecieron así una correlación entre la evolución espiritual y la evolución económica y social, Marx y Engels no pretendieron señalar entre ellas un riguroso paralelismo, puesto que no siguen el mismo ritmo: mientras que la transformación de las fuerzas colectivas va acompañada de una transformación paralela de la organización social, en el terreno de las ideas, cuyos vínculos con el modo de producción son menos directos e inmediatos, el cambio se opera de manera más lenta.

Por otra parte, aunque Marx y Engels niegan a las ideas un papel primordial en la evolución histórica, las consideran, no obstante, como una realidad social muy importante, que, como tal, influye en el desarrollo de la historia, siendo capaz de modificar su ritmo y sus modalidades, ya que no el curso general. Marx y Engels, en efecto, rechazaron la noción de que la ideología pueda ser el factor determinante en la evolución histórica. Tampoco consideraron al hombre como un instrumento pasivo, objeto de un determinismo fatalista, sino que, por el contrario, pusieron de relieve la creciente importancia de la acción del hombre sobre su medio, al que cambia cada vez más profundamente, con el objeto de liberarse de sus garras y adaptarlo a sus propias necesidades.[23]

---

[22] Cf. *Ibid.,* vol. V, págs. 26-28, 35 y siguientes.

[23] Cf. *Ibid.,* vol. V, págs. 10 y siguientes.

Marx y Engels aplicaron esta concepción general del desarrollo histórico al estudio de la sociedad de su época, recalcando que la alteración racional del medio por parte del hombre debe tender esencialmente en la actualidad a la eliminación de las contradicciones inherentes al régimen capitalista, poniendo fin al trabajo enajenado, que se opone a la integración del hombre en su medio natural y social. Esta abolición solamente puede lograrse, como ya habían indicado los socialistas doctrinarios, mediante la implantación de un sistema comunista. Pero a diferencia de los doctrinarios, Marx y Engels no contrapusieron un ideal a la realidad, una visión del mundo futuro a la sociedad burguesa, abriendo un abismo entre el presente y el porvenir, sino que descubrieron en la organización económica y social actual las causas, la tendencia y el procedimiento de su transformación, y demostraron que la abolición del capitalismo será obra de las contradicciones económicas y sociales inherentes a este régimen, que forzosamente han de engendrar una revolución social. Ésta, acabando con el trabajo enajenado y transformando las relaciones sociales que hipostáticamente han sido interpretadas como relaciones personales, llevará a cabo la integración armoniosa y completa del hombre en su medio.

Así se completa con Marx y Engels un gran ciclo del pensamiento moderno, nacido con el capitalismo y que en el comunismo llega a su conclusión. Tal pensamiento expresa ideológicamente las etapas sucesivas de la integración del hombre en su medio natural y social, determinadas por el constante desarrollo de las fuerzas productivas. Tal pensamiento conduce, de una concepción estática y dualista, que contrapone espíritu a materia –el hombre a su medio–, a una concepción orgánica del mundo considerado en su totalidad, en el que el hombre aparece al fin plenamente integrado.